LA NOUVELLE LOI MILITAIRE ET L'ÉCOLE NORMALE

PAR

M. F. FOUQUÉ

Membre de l'Institut, professeur au Collège de France.

EXTRAIT DE LA *REVUE SCIENTIFIQUE*

PARIS

ADMINISTRATION DES DEUX REVUES

111, BOULEVARD SAINT-GERMAIN, 111.

1890

LA
NOUVELLE LOI MILITAIRE
ET
L'ÉCOLE NORMALE

PAR

M. F. FOUQUÉ

Membre de l'Institut, professeur au Collège de France.

EXTRAIT DE LA *REVUE SCIENTIFIQUE*

PARIS

ADMINISTRATION DES DEUX REVUES

111, BOULEVARD SAINT-GERMAIN

1890

LA NOUVELLE LOI MILITAIRE

ET L'ÉCOLE NORMALE

Depuis l'avènement de la République, l'Université n'a cessé de prospérer. Ses grands maîtres se sont succédé peut-être un peu trop rapidement pour le bien du service, mais la plupart, quelle que fût leur origine, ont montré un égal dévouement dans l'exercice de leur haute fonction. L'enseignement des lycées a reçu d'importantes améliorations; les chaires des Facultés se sont multipliées; les hautes études se sont développées; des laboratoires nouveaux ont été créés et munis de l'outillage nécessaire à leur bon fonctionnement. Enfin, l'enseignement primaire a pris un essor inespéré, suffisant à lui seul pour couvrir de gloire ceux qui en ont été les promoteurs. La bienveillance de nos gouvernants actuels est manifeste; l'Université ne compte que des amis parmi ceux qui dirigent les destinées de notre pays, et cependant elle est menacée en ce moment dans un de ses organes essentiels.

Le péril est tellement grave que je crois devoir le signaler à l'opinion publique. Il tient à la situation que la nouvelle loi militaire impose à la section des sciences de l'École normale supérieure. L'exécution de la loi entraînera forcément et à bref délai l'anéantissement de cette section, c'est-à-dire la ruine de la moitié de l'École normale. Pendant les premières années du second Empire, la section des lettres avait été plus particulièrement en butte aux mesures gouvernementales; aujourd'hui, c'est la section des sciences qui reçoit le plus rude coup.

Un tel fait ne peut manquer d'émouvoir ceux qu'anime un patriotisme éclairé, car l'École normale est l'établissement fondamental de l'Université ; elle en est la clé de voûte. Nos lycées lui fournissent leurs meilleurs élèves et, en retour, ils en obtiennent des professeurs doués d'une science solide et éprouvée. Les Facultés des sciences et des lettres y recrutent leurs membres les plus brillants. Enfin, nos diverses Académies s'honorent d'une longue liste d'hommes qui ont figuré sur ses bancs. Toute lésion qu'éprouve l'École normale atteint l'Université au cœur et se fait ressentir dans ses effets jusqu'aux extrémités du corps enseignant.

Il y a quarante ans, j'entrais comme élève à l'École normale. Depuis lors, j'ai pris part à toutes ses douleurs et à toutes ses joies. J'ai assisté, le 2 décembre 1851, à la scène émouvante de la réunion des élèves dans la salle de la bibliothèque de l'École. J'entends encore la harangue indignée de Prévost-Paradol; je vois la colère et le désespoir empreints sur la figure de Dionys Ordinaire. Les événements politiques se déroulant, j'ai ressenti les angoisses de ma génération de normaliens, et, plus tard, j'ai joui avec eux du retour d'une ère de paix et de libéralisme. L'École normale est de nouveau dans la détresse ; elle est sapée dans sa base et attaquée ; je me retrouve debout au banc de la défense.

Avant d'entrer dans le détail des faits sur lesquels se fondent mes appréciations, je tiens à faire remarquer que je n'attaque aucunement la loi militaire dans ce qu'elle a d'essentiel. Je ne réclame ni contre la durée du service, ni contre l'obligation pour tous les citoyens français de figurer sous les drapeaux à l'âge et pendant le temps fixés par la loi.

Autrefois, le personnel de l'enseignement public était dispensé du service militaire, à la condition de contracter un engagement professionnel de dix ans. On a supprimé ce privilège et on a bien fait. Lorsque les jeunes gens des autres carrières libérales sont soumis à un an de service, la dispense totale pour les universitaires eût été une injustice flagrante. Tout en reconnaissant qu'une année passée au régiment sera nécessairement peu favorable au développement des études des futurs professeurs, je ne crois pas que le tort causé soit plus grand pour eux que pour ceux qui s'engagent dans beaucoup d'autres carrières. C'est un sacrifice qu'il faut savoir accepter, et nos jeunes universitaires ont prouvé, d'ailleurs, pendant la guerre de 1870, qu'ils ne reculaient devant aucun dévouement quand l'intérêt de la patrie était en jeu.

Les normaliens, comme les autres universitaires, sont soumis à l'obligation d'une année de service militaire dans l'armée active; j'accepte pour eux cette clause, mais la loi a omis de dire dans quelles conditions ils feront cette année de service. Les distribuera-t-on indifféremment dans les corps armés? Quelle que soit leur instruction militaire préalable, en fera-t-on, dans tous les cas, de simples soldats soumis au même régime que des conscrits bas-bretons? Le ministre de la guerre, interpellé au Sénat sur ces questions par un ancien ministre de l'instruction publique, M. Bardoux, a répondu nettement que, la loi étant muette à ce sujet, il n'avait aucune réponse à donner. Ceci veut dire que M. de Freycinet enverra les normaliens au régiment sans plus s'en soucier que d'un autre conscrit quelconque.

En arrivant au corps auquel ils sont arbitrairement destinés, ils seront classés parmi les simples soldats; et au bout de leur année de service, avec de l'application et une bonne conduite, ils pourront espérer sortir la manche ornée de quelque galon de laine.

Voilà la perspective qui s'ouvre pour des jeunes gens que l'on considère partout comme l'élite intellectuelle de notre pays. Si la loi militaire est appliquée dans de telles conditions, la section des sciences de l'École normale doit forcément disparaître, et, par suite, l'institution entière ne peut manquer de péricliter.

Ce résultat sera la conséquence de l'organisation de cette section, de son mode de recrutement et surtout de la situation privilégiée que la loi accorde en face d'elle à l'École polytechnique. En effet, la section des sciences de l'École normale se recrute chaque année par voie de concours; le programme d'admission est à très peu près le même que celui d'admission à l'École polytechnique; les candidats aux deux écoles sont fournis également par les classes des mathématiques spéciales des lycées ou des établissements congréganistes. Un grand nombre de jeunes gens subissent à la fois les épreuves d'entrée aux deux écoles, et, une fois reçus des deux côtés, ce qui arrive généralement pour les plus forts, ils optent pour une école ou pour l'autre, suivant leurs goûts et leurs espérances d'avenir. Souvent le même candidat figure le premier en même temps sur la liste d'admission à chacune des deux écoles, et l'on voit le choix se porter aussi souvent d'un côté que de l'autre.

Les études auxquelles les élèves sont soumis à l'École polytechnique sont sensiblement identiques à celles qui se font pendant les deux premières années d'École normale. On fait plus de dessin d'un côté, plus de manipulations de physique et de chimie de l'autre; mais ces différences sont d'ordre secondaire.

Après l'entrée aux deux écoles, l'identité de l'enseignement ne cesse pas de subsister, au moins dans ses parties essentielles. De part et d'autre, les sciences fondamentales cultivées sont le calcul différentiel et intégral, la mécanique, la physique et la chimie.

En somme, les études, pendant les deux années d'École polytechnique et pendant les deux premières années d'École normale, sont les mêmes. De part et d'autre, l'enseignement correspond à la licence ès sciences mathématiques et à la licence ès sciences physiques. Tous les cours et exercices qui ne rentrent pas directement dans les programmes de préparation à ces examens ne sont qu'accessoires.

Au bout de deux ans, les diplômes des deux licences en question sont exigés des élèves de l'École normale, sous peine d'expulsion de l'école. A l'École polytechnique, ils ne sont pas demandés, mais le premier tiers des élèves par ordre de mérite dans chaque promotion pourrait, je n'en doute pas, les obtenir sans peine.

Ainsi la parité subsiste jusqu'au bout au point de vue de la qualité des jeunes gens et du travail intellectuel auquel on les soumet.

Je sais bien que l'École polytechnique est sous la direction du ministre de la guerre, et que les élèves y portent l'épée et l'uniforme; mais la dose d'exercice militaire à laquelle ils sont assujettis est si faible que, dans ces dernières années, l'École normale a pu, sans grand dérangement, soumettre ses élèves aux mêmes pratiques, et l'entrain n'a pas été moindre de ce côté que de l'autre.

Voilà donc des jeunes gens de même origine, de même instruction, n'ayant eu guère d'autre différence dans leur vie que celle de l'habit qu'ils portent et de la maison qu'ils habitent. Le normalien reste encore une année dans son école et continue à y perfectionner son instruction scientifique. Alors la loi le saisit (1), comme

(1) Dans tout le cours de cette discussion, j'admets que tous les

elle avait saisi, un an plus tôt, son camarade de l'École polytechnique, admis dans les carrières civiles de l'État par suite de son rang de promotion ou rentré purement dans la vie civile par voie de démission. Cette loi avait fait immédiatement du polytechnicien civil un officier de réserve en service pour une année; elle astreint pendant le même laps de temps le normalien au dur régime de simple soldat.

Telle est la situation. L'inégalité est si manifeste que déjà elle porte ses fruits. Dès maintenant, peu d'options pour l'École normale; plus d'autre recrutement possible que parmi les rebuts et les réformés. Quel est donc le jeune homme valide et doué d'aptitudes scientifiques qui consentira à faire partie de cette triste phalange? Lequel sera bénévolement capable de sacrifier les petites satisfactions d'amour-propre que promet à bref délai la perspective d'un uniforme d'officier pour se résigner aux corvées d'une année de service à la caserne comme simple soldat? Ne vaut-il pas mieux commander qu'obéir? Et les réflexions de ce genre, non seulement ne seront pas combattues dans les familles, mais, au besoin, elles y seront soutenues et encouragées.

Le recrutement de la section des sciences à l'École normale deviendra d'autant plus difficile qu'une loi récente vient de reculer jusqu'à vingt et un ans la limite de l'âge d'entrée à l'École polytechnique. Il ne restera même plus à l'École normale la chance de recueillir les candidats de valeur qu'un hasard d'examen

normaliens sans exception pourront poursuivre leurs études jusqu'au bout, sans les voir interrompues par la nécessité du service militaire à un âge déterminé. C'est au moins ce que je crois pouvoir conclure de la promesse de M. de Freycinet lors de l'interpellation Bardoux. Autrement la loi, telle qu'elle est sortie des délibérations du Sénat, porterait un tel trouble dans les enseignements de l'École normale qu'on y verrait rapidement régner le désordre le plus complet.

a fait, à l'âge de vingt ans, échouer à l'entrée de l'autre école.

Si la section des sciences de l'École normale ne peut plus être composée que de personnalités médiocres, sa raison d'être disparaît. Elle doit produire des sujets d'élite ou n'être pas. Le budget considérable que l'État lui alloue ne peut être consacré à préparer de futurs fruits secs.

Cependant, si le désastre de l'École normale était compensé par des avantages sérieux assurés à notre armée, il ne serait pas permis d'hésiter. Le sacrifice, quelque douloureux qu'il soit, devrait être accepté. Mais il n'en est pas ainsi. Les jeunes gens que l'application de la loi militaire retirera de l'École normale pour les pousser à l'École polytechnique entreront certainement pour une part importante parmi ceux qui auront à la sortie le choix des carrières civiles. C'est au moins ce qui arrivera pour les meilleurs d'entre eux, pour ceux que l'Université regrette. Ils contribueront à augmenter l'éclat des corps des Ponts et Chaussées et des Mines, mais l'armée y gagnera peu; comme aujourd'hui, la promotion sortant de l'École polytechnique sera écrémée au profit des carrières civiles, et l'armée ne recueillera que le résidu de l'opération.

Mais il ne suffit pas de signaler le mal, voyons s'il n'y aurait pas quelque remède à y apporter.

Je sais que d'excellents esprits, hostiles au régime de l'internat et aux écoles fermées (autres que les écoles d'application), prétendent que l'enseignement des Facultés comblerait aisément et avantageusement les lacunes qu'entraîneraient certaines suppressions. Ils verraient sans déplaisir, par exemple, la suppression des deux premières années d'étude de la section des sciences de l'École normale et la transformation de l'École polytechnique en une école véritablement militaire. A quoi bon, disent-ils, trois sortes d'établissements, l'École polytechnique, l'École normale et les Facultés des sciences, enseignant tous les trois les mêmes sciences et suivant les mêmes programmes? On pourrait trouver là matière à une économie sérieuse pour le budget de l'État. Si les Facultés restaient seules chargées d'enseigner le programme des licences, elles acquerraient une vitalité qui leur fait trop souvent défaut. Les deux diplômes de licencié devraient être exigés pour l'entrée aux deux écoles. L'École normale conserverait le caractère qu'elle possède déjà pour les élèves de sa troisième année, et l'École polytechnique pourrait, au point de vue militaire, prendre un rôle plus élevé et en même temps plus pratique. Un séjour d'une année y serait probablement suffisant comme à l'École normale. La disette de candidats n'est nullement à craindre. Leur affluence est telle, qu'ils demeureront toujours en assez grand nombre.

Telles sont les raisons sur lesquelles on étaye la proposition que je viens d'exposer. Je crois que, dans l'état actuel de nos mœurs, de nos traditions, de nos affections, de nos préjugés, il y a peu de chances de voir adopter une réforme aussi complète. Quiconque la tenterait pour le moment échouerait infailliblement; ce ne peut être qu'une solution d'avenir.

Une autre proposition moins radicale est celle de puiser les élèves de la section des sciences de l'École normale réduite à sa troisième année parmi les élèves sortants de l'École polytechnique et parmi les élèves des Facultés, pourvus les uns et les autres des deux diplômes de licencié ès sciences mathématiques et de licencié ès sciences physiques. Pour les mathématiciens, il semble au premier abord que cette combinaison ne soulève aucune objection. Les promotions sortant de l'École polytechnique fourniraient peut-être à elles seules un nombre suffisant de professeurs de mathématiques pour remplir les chaires de nos lycées et de nos facultés; mais ces promotions, déflorées par le prélèvement fait au profit des fonctions d'ingénieur, produiront-elles encore des mathématiciens distingués comme ceux que l'École normale a donnés jusqu'à présent à l'Académie des sciences? Il est permis d'en douter. On pourra encore former de bons professeurs avec ce recrutement nouveau, surtout grâce à la troisième année d'École normale qui serait maintenue; on peut craindre de n'en plus voir sortir de vrais savants dans l'ordre des sciences mathématiques.

Mais c'est particulièrement les futurs professeurs de physique et de chimie dont je redouterais l'éducation insuffisante, s'ils étaient ainsi recrutés. Le côté pratique est si peu développé à l'École polytechnique; le grand nombre des élèves y rend les manipulations si défectueuses, que l'on aurait beaucoup de peine à former avec les éléments qui en proviendraient un corps de professeurs aptes à l'enseignement de la physique et de la chimie dans les établissements universitaires. Assurément l'École polytechnique a produit quelques chimistes habiles, mais ce sont d'honorables exceptions.

En tout cas, il est difficile de se prononcer sur un projet qui, certainement, ne sera jamais adopté qu'en désespoir de cause et sur la valeur duquel règnent toute sorte d'incertitudes. En supposant l'École polytechnique composée telle qu'elle est actuellement, on pourrait déjà difficilement se prononcer sur le résultat probable. La loi militaire, en lui accordant un privilège qu'elle refuse à toutes les autres écoles, y va faire affluer un grand nombre de jeunes gens dépourvus de goûts militaires, décidés à donner leur démission à la sortie, et ne voyant dans le séjour de deux ans qu'ils y feront qu'un moyen agréable de remplacer l'ancien volontariat. Ce changement à prévoir dans le personnel des élèves de l'École polytechnique rend impossible toute hypothèse sur l'accueil qui serait fait au projet que nous venons de présenter.

Ces propositions écartées, cherchons encore si nos gouvernants ne pourraient pas s'arranger avec un peu de bonne volonté pour maintenir viable l'organisation actuelle. Que faut-il pour cela ? Trouver un moyen pratique de permettre le recrutement de la section des sciences de l'École normale. Pourquoi n'utiliserait-on pas dans l'armée les aptitudes spéciales des normaliens ? Il sort chaque année de l'École normale un petit groupe d'élèves possédant non seulement des connaissances étendues en chimie, mais en outre habitués aux analyses et aux expériences les plus délicates des laboratoires. Le service de pyrotechnie aurait certainement grand avantage à mettre à profit leurs connaissances et leur habileté pratique. Les mathématiciens auxquels les théories de l'électricité sont familières et qui, de plus, connaissent le maniement des appareils, pourraient être utilisés dans les services d'électricité de la guerre et de la marine. Il serait véritablement dommage, au point de vue de la défense nationale, de se priver aveuglément du concours de tels auxiliaires.

Notons que chaque promotion de la section des sciences de l'École normale ne comprend en tout qu'une quinzaine d'élèves. Ce nombre si restreint de jeunes gens à employer fructueusement dans l'armée ne saurait être une cause d'embarras.

J'ai évité dans cette notice de parler des élèves des lettres, leur section recevant un coup moins direct de la loi militaire; je ne puis cependant m'empêcher de faire observer qu'eux aussi me semblent appelés à remplir dans l'armée une fonction spéciale, celle de secrétaires rédacteurs, soit au ministère de la guerre, soit auprès des commandants de corps d'armée. Eux aussi sont très peu nombreux; ils ne sont qu'une vingtaine par promotion.

Mais le procédé le plus simple ne consiste-t-il pas à autoriser les normaliens aussi bien que les polytechniciens à faire leur année de service en qualité d'officiers de réserve, les exercices militaires étant obligatoirement identifiés dans les deux écoles? L'adoption d'une telle mesure lèverait immédiatement toutes les difficultés; c'est d'ailleurs la solution qu'avait adoptée la Chambre des députés. Elle est excellente; malheureusement le Sénat, animé d'autres préoccupations, ne s'est pas aperçu, malgré ses bonnes intentions, qu'il la mettait à néant, et la Chambre, pressée par le temps et par le désir d'en finir avec la loi militaire, n'a pas cru devoir persister dans la disposition qu'elle avait adoptée.

J'ai commencé la rédaction de cette notice sous une impression pénible qui m'a ramené aux souvenirs les plus douloureux de ma jeunesse. J'ai revu par la pensée les temps néfastes où l'Université eut à subir de si rudes assauts. Je cesse d'écrire moins découragé, espérant que l'évidence des faits ouvrira les yeux sur l'une des défectuosités les plus graves de la nouvelle loi militaire.

REVUE SCIENTIFIQUE

(3e série)

Directeur : M. Ch. RICHET

VINGT-SEPTIÈME ANNÉE — 1890

Chaque livraison paraissant le samedi matin
contient 64 colonnes de texte

PRIX DE LA LIVRAISON : **60** CENTIMES

Prix d'abonnement :

	Six mois	Un an
Paris.	15 fr.	25 fr.
Départements et Alsace. . . .	18	30
Étranger.	20	35

L'abonnement part du 1er de chaque trimestre

ADMINISTRATION ET RÉDACTION

PARIS, 111, boulevard Saint-Germain

Paris. — Maison Quantin, 7, rue Saint-Benoît.

www.ingramcontent.com/pod-product-compliance
Lightning Source LLC
LaVergne TN
LVHW010017230826
846092LV00002B/868

9782019257842